Fahrradlust

FAHRRAD TOURENBUCH

Der Autor deiner Abenteuer bist du!

Titel: _____

Autor · Autorin

_____
Name

_____
Adresse

_____

_____
Telefon

_____
Mail

Kontaktperson

_____
Name

_____
Adresse

_____

_____
Telefon

_____
Mail

„Das Fahrrad ist das zivilisierteste Fortbewegungsmittel, das wir kennen. Andere Transportarten gebären sich täglich alptraumhafter. Nur das Fahrrad bewahrt sein reines Herz."

Iris Murdoch

Nachhaltig ankommen

Traumabfahrten, Panoramastraßen und Kilometerrausch – bei der Verwirklichung unserer Ziele sollten wir eines nie aus den Augen verlieren, und zwar die Freude dabei. Plane mit diesem Tourenbuch deine Träume, setze sie um und mach daraus Erinnerungen und Legenden. Wenn du dich aufmachst, setze dein freundlichstes Lächeln auf, denn auf dem Fahrrad grüßt man sich. Gerade in der Stadt und auf den Straßen ist Fahrradfahren auch eine Frage der Toleranz und der Sicherheit. Damit nicht nur unsere Geschichten die Jahre überdauern, sondern auch wir selbst, sollten wir kein Risiko bei unseren Abenteuern eingehen.

Fahrradfahren ist gesund, nachhaltig und entlastet den Straßenverkehr der Städte. Ein verantwortungsvolles Verhalten gegenüber anderen und der Natur ist für uns Ehrensache.

Ehrensache

Miteinander statt gegeneinander. Im Verkehr teilen wir uns die Straßen und Wege. Versuche dein Gegenüber zu verstehen.

Respektiere die Natur mit ihrer Schönheit und ihren Gefahren.

Versuche öffentliche Verkehrsmittel zu nutzen, falls der Startpunkt eine Anreise erfordert.

Gehe kein Risiko ein. Du willst deine Geschichten schließlich noch erzählen können.

Nimm mehr Müll mit als du auf deine Tour mitbringst. Beteilige dich am Schutz unserer Umwelt.

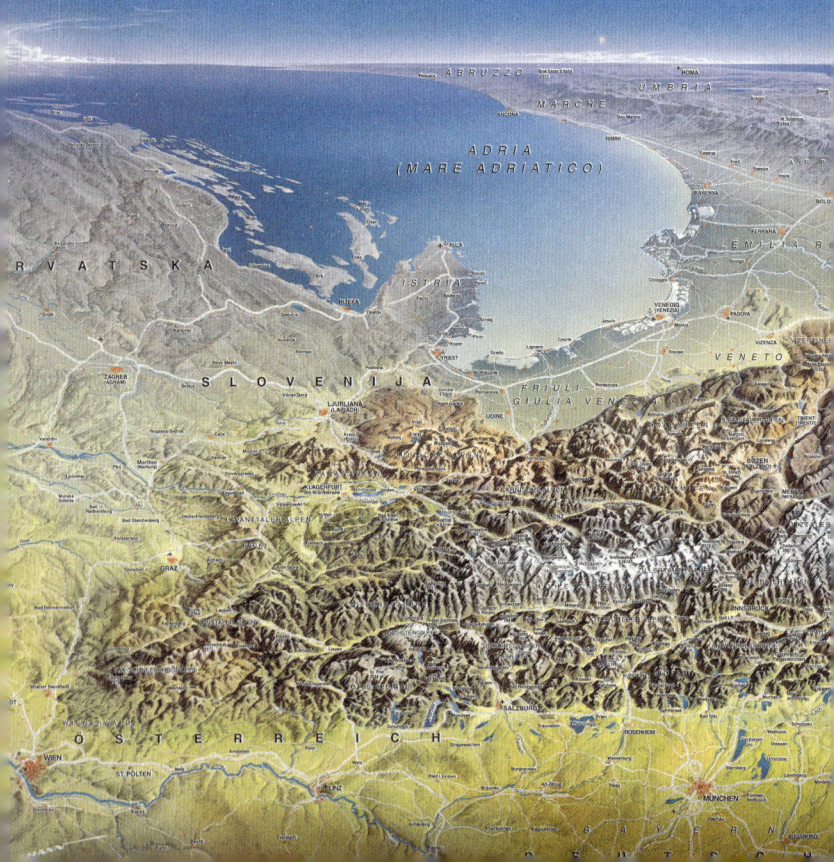

Eine Lebenstraum für viele:
einmal mit dem Fahrrad die Alpen überqueren.

Eine Liebeserklärung an die Berge „Die Alpen von Norden"
Das Panorama zum Aufhängen als Poster vom KOMPASS-Verlag ISBN: 978-3-99044-795-6

Tourenziele

Halte deine Ziele fest und verwirkliche sie. Mach aus Träumen Erinnerungen.

Vorhaben   **verwirklicht?**

_____ ○ _____
Tour, Route, Highlight   geplantes Datum   Tour auf Seite

_____ ○ _____

_____ ○ _____

_____ ○ _____

_____ ○ _____

_____ ○ _____

_____ ○ _____

_____ ○ _____

_____ ○ _____

_____ ○ _____

_____ ○ _____

Vorhaben   *verwirklicht?*

_____ ○ _____
Tour, Route, Highlight   geplantes Datum   Tour auf Seite

_____ ○ _____

_____ ○ _____

_____ ○ _____

_____ ○ _____

_____ ○ _____

_____ ○ _____

_____ ○ _____

_____ ○ _____

_____ ○ _____

_____ ○ _____

_____ ○ _____

Legende

Dein Inhaltsverzeichnis – die Zusammenfassung deiner Fahrradtouren.

Touren:

Gesamt: Höhenmeter Kilometer

Tour, Route, Gipfel, Etappe	Höhenmeter	Kilometer	Datum	
17				Seite 46
18				Seite 48
19				Seite 50
20				Seite 52
21				Seite 54
22				Seite 56
23				Seite 58
24				Seite 60
25				Seite 62
26				Seite 64
27				Seite 66
28				Seite 68
29				Seite 70
30				Seite 72
31				Seite 74
32				Seite 76
33				Seite 78
34				Seite 80
35				Seite 82
Gesamt:	Höhenmeter	Kilometer		

Legende

Dein Inhaltsverzeichnis – die Zusammenfassung deiner Fahrradtouren.

Touren:

Gesamt: Höhenmeter   Kilometer

Gesamt: Höhenmeter   Kilometer

01 ☆☆☆☆☆

_____ ⟲○   ▬○   Nr ____
Startort   Ziel   Rundtour   Strecke   Etappe

Route / Zwischenziele

Region / Land / Gebirge / Fluss / Küste

Wegbegleiter

Startzeit   Dauer   Distanz   Höhenmeter ↗ ↘

Intensität ○○○○○◢   💓 _____ kcal _____ ∅ km/h _____ max. km/h _____

Charakter 🚲○ 🚲○ 🚲○ 🚲○ +ebike○

Wetter ____°C ☀ ☁ ⛈ 🌧 🌨   Gelände
        ○ ○ ○ ○ ○   ○ ○ ○ ○ ○ ○

Highlights, Skizze, Stempel, Höhenprofil, Fotos, Platz für Wegbegleiter:

Datum _____

02 ☆☆☆☆☆

Startort _____ Ziel _____   Rundtour ○ Strecke ○ Nr. ____ / Etappe ____

Route / Zwischenziele _____

_____

_____

Region / Land / Gebirge / Fluss / Küste _____

Wegbegleiter _____

Startzeit _____ Dauer _____ Distanz _____ Höhenmeter ↗ ↘

Intensität ○○○○○ ❤ _____ kcal _____ Ø km/h _____ max. km/h _____

Charakter 🚲○ 🚲○ 🚲○ 🚲○ +ebike○

Wetter _____°C ☀○ ☁○ ⛈○ 🌧○ ❄○   Gelände ○ ○ ○ ○ ○ ○

Highlights, Skizze, Stempel, Höhenprofil, Fotos, Platz für Wegbegleiter:

Datum _____

03 ☆☆☆☆☆

_____   ○ Rundtour   ○ Strecke   Nr. _____ Etappe
Startort   Ziel

Route / Zwischenziele
_____

_____

Region / Land / Gebirge / Fluss / Küste
_____

Wegbegleiter
_____

Startzeit   Dauer   Distanz   Höhenmeter ↗ ↘

Intensität ○○○○○▪   ♥ _____ kcal _____ Ø km/h _____ max. km/h _____

Charakter 🚲○ 🚲○ 🚲○ 🚲○ +ebike○

Wetter _____°C ☀ ☁ ⛈ 🌧 ❄   Gelände ～～～
        ○ ○ ○ ○ ○   ○ ○ ○ ○ ○ ○

Highlights, Skizze, Stempel, Höhenprofil, Fotos, Platz für Wegbegleiter:

04 ☆☆☆☆☆

_____ ' _____   👍○   💬○   Nr. ____
Startort   Ziel   Rundtour   Strecke Etappe

Route / Zwischenziele

Region / Land / Gebirge / Fluss / Küste

Wegbegleiter

Startzeit   Dauer   Distanz   Höhenmeter ↗ ↘

Intensität ○○○○○◢ ♥____ kcal ____ Ø km/h ____ max. km/h ____

Charakter 🚲○ 🚲○ 🚲○ 🚲○ +ebike○

Wetter ____°C ☀ ⛅ ⛈ 🌧 🌨   Gelände
         ○ ○ ○ ○ ○   ○ ○ ○ ○ ○ ○

Highlights, Skizze, Stempel, Höhenprofil, Fotos, Platz für Wegbegleiter:

05 ☆☆☆☆☆

Startort   Ziel   Rundtour ○   Strecke ○   Nr ____ Etappe

Route / Zwischenziele

Region / Land / Gebirge / Fluss / Küste

Wegbegleiter

Startzeit   Dauer   Distanz   Höhenmeter ↗ ↘

Intensität ○○○○○➕   ♥ _____ kcal _____   Ø km/h _____   max. km/h _____

Charakter 🚲○ 🚲○ 🚲○ 🚲○ +ebike○

Wetter ____°C ☀○ ⛅○ ⛈○ 🌧○ 🌨○   Gelände ○ ○ ○ ○ ○ ○

Highlights, Skizze, Stempel, Höhenprofil, Fotos, Platz für Wegbegleiter:

06 ☆☆☆☆☆

_____   ↻○   ▬○   Nr.____
Startort   Ziel   Rundtour   Strecke   Etappe

Route / Zwischenziele

Region / Land / Gebirge / Fluss / Küste

Wegbegleiter

Startzeit   Dauer   Distanz   Höhenmeter ↗ ↘

Intensität ○○○○○◢   💓____   kcal _____   ∅ km/h _____   max. km/h _____

Charakter 🚲○ 🚲○ 🚲○ 🚲○ +ebike○

Wetter ____°C ☀ ☁ ⛈ 🌧 🌨   Gelände
           ○ ○ ○ ○ ○   ○ ○ ○ ○ ○ ○

Highlights, Skizze, Stempel, Höhenprofil, Fotos, Platz für Wegbegleiter:

Datum _____

07 ☆☆☆☆☆

_____   👣○ 🥾○ Nr. ____
Startort   Ziel   Rundtour Strecke Etappe

Route / Zwischenziele
_____

_____

Region / Land / Gebirge / Fluss / Küste
_____

Wegbegleiter
_____

Startzeit   Dauer   Distanz   Höhenmeter ↗ ↘

Intensität ○○○○○ 💓 _____ kcal _____ Ø km/h _____ max. km/h _____

Charakter 🚲○ 🚲○ 🚲○ 🚲○ +ebike○

Wetter _____ °C ☀ ☁ ⛈ 🌧 🌨   Geländer
         ○ ○ ○ ○ ○   ○ ○ ○ ○ ○ ○

Highlights, Skizze, Stempel, Höhenprofil, Fotos, Platz für Wegbegleiter:

Datum _____

08   ☆☆☆☆☆

_____
Startort   Ziel   Rundtour ○   Strecke ○   Nr. ___ Etappe

_____
Route / Zwischenziele

_____

_____
Region / Land / Gebirge / Fluss / Küste

_____
Wegbegleiter

_____
Startzeit   Dauer   Distanz   Höhenmeter ↗ ↘

Intensität ○○○○○   ❤❤ _____ kcal _____ ∅ km/h _____ max. km/h _____

Charakter 🚲 ○   🚲 ○   🚲 ○   🚲 ○   +ebike ○

Wetter ____°C   ☀ ☁ ⛈ 🌧 🌨   Gelände
              ○ ○ ○ ○ ○   ○ ○ ○ ○ ○ ○

Highlights, Skizze, Stempel, Höhenprofil, Fotos, Platz für Wegbegleiter:

09 ☆☆☆☆☆

Rundtour ○   Strecke ○   Nr. _____ Etappe

_____
Startort   Ziel

Route / Zwischenziele

Region / Land / Gebirge / Fluss / Küste

Wegbegleiter

Startzeit   Dauer   Distanz   Höhenmeter ↗ ↘

Intensität ○○○○○   💓 _____ kcal _____ Ø km/h _____ max. km/h _____

Charakter 🚴 ○ 🚲 ○ 🚲 ○ 🚴 ○ +ebike ○

Wetter _____ °C ☀ ☁ ⛈ 🌧 🌨   Gelände
              ○ ○ ○ ○ ○   ○ ○ ○ ○ ○ ○

Highlights, Skizze, Stempel, Höhenprofil, Fotos, Platz für Wegbegleiter:

10 ☆☆☆☆☆

Startort   Ziel   Rundtour ○   Strecke ○   Nr. ____ Etappe

Route / Zwischenziele

Region / Land / Gebirge / Fluss / Küste

Wegbegleiter

Startzeit   Dauer   Distanz   Höhenmeter ↗ ↘

Intensität ○○○○○ ♥ _____ kcal _____ Ø km/h _____ max. km/h _____

Charakter 🚲○ 🚲○ 🚲○ 🚲○ +ebike○

Wetter _____ °C ☀ ☁ 🌧 ⛈ 🌨 Gelände ○ ○ ○ ○ ○ ○
           ○ ○ ○ ○ ○

Highlights, Skizze, Stempel, Höhenprofil, Fotos, Platz für Wegbegleiter:

11 ☆☆☆☆☆

🚴‍♂️○   📍○   Nr. _____
Rundtour   Strecke   Etappe

_____
Startort   Ziel

Route / Zwischenziele

_____

_____

Region / Land / Gebirge / Fluss / Küste

Wegbegleiter

_____
Startzeit   Dauer   Distanz   Höhenmeter ↗ ↘

Intensität ○○○○○◼   💗_____ kcal _____ Ø km/h _____ max. km/h _____

Charakter 🚲○ 🚲○ 🚲○ 🚲○ +ebike○

Wetter ___°C ☀️ ⛅ ⛈️ 🌧️ 🌨️   Gelände
     ○ ○ ○ ○ ○   ○ ○ ○ ○ ○ ○

Highlights, Skizze, Stempel, Höhenprofil, Fotos, Platz für Wegbegleiter:

Datum _____

12 ☆☆☆☆☆

_____ ⊙○   ●━●○   Nr _____
Startort   Ziel   Rundtour Strecke Etappe

_____
Route / Zwischenziele

_____

_____
Region / Land / Gebirge / Fluss / Küste

_____
Wegbegleiter

_____
Startzeit   Dauer   Distanz   Höhenmeter ↗ ↘

Intensität ○○○○○◢■   💓_____ kcal _____ ∅ km/h _____ max. km/h _____

Charakter 🚲○ 🚲○ 🚲○ 🚲○ +ebike○

Wetter ____°C ☀ ☁ ⛈ 🌧 ❄   Gelände
              ○ ○ ○ ○ ○   ○ ○ ○ ○ ○ ○

Highlights, Skizze, Stempel, Höhenprofil, Fotos, Platz für Wegbegleiter:

Datum _____

13 ☆☆☆☆☆

🪝○　👟○　Nr. _____
Rundtour　Strecke　Etappe

_____　_____
Startort　　　　　　　　　　Ziel

_____
Route / Zwischenziele

_____

_____
Region / Land / Gebirge / Fluss / Küste

_____
Wegbegleiter

_____
Startzeit　　　　　Dauer　　　　　Distanz　　　　Höhenmeter ↗ ↘

Intensität ○○○○○＋　💓 _____ kcal _____　⌀ km/h _____　max. km/h _____

Charakter 🚲○ 🚲○ 🚲○ 🚲○ +ebike○

Wetter _____ °C　☀ ⛅ ⛈ 🌧 🌨　Gelände
　　　　　　　○ ○ ○ ○ ○　　　　　○ ○ ○ ○ ○ ○

Highlights, Skizze, Stempel, Höhenprofil, Fotos, Platz für Wegbegleiter:

38

14 ☆☆☆☆☆

Rundtour ○ Strecke ○ Nr. ____ Etappe

_____
Startort   Ziel

_____
Route / Zwischenziele

_____

_____
Region / Land / Gebirge / Fluss / Küste

_____
Wegbegleiter

_____
Startzeit   Dauer   Distanz   Höhenmeter ↗ ↘

Intensität ○○○○○ 💓 _____ kcal _____ ∅ km/h _____ max. km/h _____

Charakter 🚲○ 🚲○ 🚲○ 🚲○ +ebike○

Wetter ____°C ☀ ☁ ⛈ 🌧 🌨   Gelände
         ○ ○ ○ ○ ○   ○ ○ ○ ○ ○ ○

Highlights, Skizze, Stempel, Höhenprofil, Fotos, Platz für Wegbegleiter:

Datum _____

15 ☆☆☆☆☆

Startort _____ Ziel _____

Rundtour ○ Strecke ○ Nr. ____ Etappe

Route / Zwischenziele _____

_____

Region / Land / Gebirge / Fluss / Küste _____

Wegbegleiter _____

Startzeit _____ Dauer _____ Distanz _____ Höhenmeter ↗ ↘

Intensität ○○○○○ 💓 _____ kcal _____ ∅ km/h _____ max. km/h _____

Charakter 🚲○ 🚲○ 🚲○ 🚲○ +ebike○

Wetter ____°C ☀ ⛅ ⛈ 🌧 ❄
○ ○ ○ ○ ○

Gelände ○ ○ ○ ○ ○ ○

Highlights, Skizze, Stempel, Höhenprofil, Fotos, Platz für Wegbegleiter:

16 ☆☆☆☆☆

Rundtour ○ Strecke ○ Nr. ____
Etappe

_____ _____
Startort   Ziel

Route / Zwischenziele
_____

_____

Region / Land / Gebirge / Fluss / Küste
_____

Wegbegleiter
_____

Startzeit   Dauer   Distanz   Höhenmeter ↗ ↘

Intensität ○○○○○ 💓 _____ kcal _____ Ø km/h _____ max. km/h _____

Charakter 🚲○ 🚲○ 🚲○ 🚲○ +ebike○

Wetter _____°C ☀ ☁ ⛈ 🌧 🌨   Gelände
          ○ ○ ○ ○ ○   ○ ○ ○ ○ ○ ○

Highlights, Skizze, Stempel, Höhenprofil, Fotos, Platz für Wegbegleiter:

17 ☆☆☆☆☆

⟳○ Rundtour ●—●○ Strecke Nr. _____ Etappe

_____ _____
Startort   Ziel

Route / Zwischenziele _____

_____

_____

Region / Land / Gebirge / Fluss / Küste _____

Wegbegleiter _____

Startzeit   Dauer   Distanz   Höhenmeter ↗ ↘

Intensität ○○○○○ ♥ _____ kcal _____ Ø km/h _____ max. km/h _____

Charakter 🚲○ 🚲○ 🚲○ 🚲○ +ebike○

Wetter _____ °C ☀ ☁ ⛈ 🌧 ❄
           ○ ○ ○ ○ ○

Gelände 〰〰〰 ○ ○ ○ ○ ○ ○

Highlights, Skizze, Stempel, Höhenprofil, Fotos, Platz für Wegbegleiter:

Datum _____

18 ☆☆☆☆☆

Startort _____ Ziel _____

Rundtour ○ Strecke ○ Nr. ____ Etappe

Route / Zwischenziele _____

_____

Region / Land / Gebirge / Fluss / Küste _____

Wegbegleiter _____

Startzeit _____ Dauer _____ Distanz _____ Höhenmeter ↗ ↘

Intensität ○○○○○━ 💓 _____ kcal _____ Ø km/h _____ max. km/h _____

Charakter 🚲○ 🚲○ 🚲○ 🚲○ +ebike○

Wetter ____°C ☀○ ☁○ 🌧○ 🌧○ 🌨○   Gelände ○ ○ ○ ○ ○ ○

Highlights, Skizze, Stempel, Höhenprofil, Fotos, Platz für Wegbegleiter:

19 ☆☆☆☆☆

Rundtour ○ Strecke ○ Nr. _____
Etappe

Startort _____ Ziel _____

Route / Zwischenziele _____

_____

_____

Region / Land / Gebirge / Fluss / Küste _____

Wegbegleiter _____

Startzeit _____ Dauer _____ Distanz _____ Höhenmeter ↗ ↘

Intensität ○○○○○◼ 💓 _____ kcal _____ Ø km/h _____ max. km/h _____

Charakter 🚲 ○ 🚲 ○ 🚲 ○ 🚲 ○ +ebike ○

Wetter _____ °C ☀ ○ ☁ ○ ⛈ ○ 🌧 ○ 🌨 ○   Gelände

○ ○ ○ ○ ○ ○

Highlights, Skizze, Stempel, Höhenprofil, Fotos, Platz für Wegbegleiter:

Datum _____

20 ☆☆☆☆☆

Rundtour ○ Strecke ○ Nr. _____ Etappe

_____
Startort   Ziel

Route / Zwischenziele
_____

_____

Region / Land / Gebirge / Fluss / Küste
_____

Wegbegleiter
_____

Startzeit   Dauer   Distanz   Höhenmeter ↗ ↘

Intensität ○○○○○ + 🫀 _____ kcal _____ Ø km/h _____ max. km/h _____

Charakter 🚲○ 🚲○ 🚲○ 🚲○ +ebike○

Wetter _____°C ☀ ☁ ⛈ 🌧 🌨   Gelände
        ○ ○ ○ ○ ○   ○ ○ ○ ○ ○ ○

Highlights, Skizze, Stempel, Höhenprofil, Fotos, Platz für Wegbegleiter:

52

21 ☆☆☆☆☆

_____   Rundtour ○ Strecke ○ Nr. ____
Startort   Ziel   Etappe

_____
Route / Zwischenziele

_____

_____
Region / Land / Gebirge / Fluss / Küste

_____
Wegbegleiter

_____
Startzeit   Dauer   Distanz   Höhenmeter ↗ ↘

Intensität ○○○○○ ◢ ♥ _____ kcal _____ ∅ km/h _____ max. km/h _____

Charakter 🚲○ 🚲○ 🚲○ 🚲○ +ebike○

Wetter _____°C ☀ ☁ ⛈ 🌧 🌨   Gelände
         ○ ○ ○ ○ ○   ○ ○ ○ ○ ○ ○

Highlights, Skizze, Stempel, Höhenprofil, Fotos, Platz für Wegbegleiter:

22 ☆☆☆☆☆

_____ _____

Startort   Ziel   Rundtour Strecke Nr. ____
                                                                                            Etappe

_____

Route / Zwischenziele

_____

_____

Region / Land / Gebirge / Fluss / Küste

_____

Wegbegleiter

_____

Startzeit   Dauer   Distanz   Höhenmeter ↗ ↘

Intensität ○○○○○▰ 💓_____ kcal _____ ∅ km/h _____ max. km/h _____

Charakter 🚴○ 🚴○ 🚴○ 🚴○ +ebike○

Wetter ____°C ☀ ☁ ⛈ 🌧 🌨   Gelände
        ○ ○ ○ ○ ○   ○ ○ ○ ○ ○ ○

Highlights, Skizze, Stempel, Höhenprofil, Fotos, Platz für Wegbegleiter:

Datum _____

23   ☆☆☆☆☆

_____   &○   ••○   Nr ____
Startort   Ziel   Rundtour Strecke Etappe

_____
Route / Zwischenziele

_____

_____
Region / Land / Gebirge / Fluss / Küste

_____
Wegbegleiter

_____
Startzeit   Dauer   Distanz   Höhenmeter ↗ ↘

Intensität ○○○○○◨   ♥ _____ kcal _____ Ø km/h _____ max. km/h _____

Charakter 🚲○ 🚲○ 🚲○ 🚲○ +ebike○

Wetter _____°C ☀ ☁ ⛈ 🌧 ❄   Gelände
              ○ ○ ○ ○ ○   ○   ○   ○   ○   ○   ○

Highlights, Skizze, Stempel, Höhenprofil, Fotos, Platz für Wegbegleiter:

24   ☆☆☆☆☆

_____   🛆○ 💬○ Nr. ____
Startort   Ziel   Rundtour Strecke Etappe

Route / Zwischenziele
_____

_____

_____
Region / Land / Gebirge / Fluss / Küste

_____
Wegbegleiter

_____
Startzeit   Dauer   Distanz   Höhenmeter ↗ ↘

Intensität ○○○○○ 💓 _____ kcal _____ Ø km/h _____ max. km/h _____

Charakter 🚲○ 🚲○ 🚲○ 🚲○ +ebike○

Wetter ____°C ☀ ⛅ ☁ 🌧 🌨   Gelände ～～～⌒～🏔
               ○ ○ ○ ○ ○   ○ ○ ○ ○ ○ ○

Highlights, Skizze, Stempel, Höhenprofil, Fotos, Platz für Wegbegleiter:

25   ☆☆☆☆☆

_____   Rundtour ○   Strecke ○   Nr. ____
Startort   Ziel   Etappe

_____
Route / Zwischenziele

_____

_____
Region / Land / Gebirge / Fluss / Küste

_____
Wegbegleiter

_____
Startzeit   Dauer   Distanz   Höhenmeter ↗ ↘

Intensität ○○○○○▰   ♥❤ _____ kcal _____   Ø km/h _____   max. km/h _____

Charakter 🚲○ 🚲○ 🚲○ 🚲○ +ebike○

Wetter ___°C ☀ ☁ ⛈ 🌧 ❄   Gelände
        ○ ○ ○ ○ ○   ○ ○ ○ ○ ○ ○

Highlights, Skizze, Stempel, Höhenprofil, Fotos, Platz für Wegbegleiter:

26 ☆☆☆☆☆

_____

Startort   Ziel

Rundtour ○   Strecke ○   Nr ____ Etappe

_____

Route / Zwischenziele

_____

Region / Land / Gebirge / Fluss / Küste

_____

Wegbegleiter

_____

Startzeit   Dauer   Distanz   Höhenmeter ↗ ↘

Intensität ○○○○○▪   ♥_____ kcal _____ Ø km/h _____ max. km/h _____

Charakter 🚲○ 🚲○ 🚲○ 🚲○ +ebike○

Wetter ____°C ☀ ☁ ⛈ 🌧 🌨   Gelände
        ○ ○ ○ ○ ○   ○ ○ ○ ○ ○ ○

Highlights, Skizze, Stempel, Höhenprofil, Fotos, Platz für Wegbegleiter:

27 ☆ ☆ ☆ ☆ ☆

_____ 🚴○   🚴○   Nr. ____
Startort   Ziel   Rundtour   Strecke   Etappe

_____
Route / Zwischenziele

_____

_____
Region / Land / Gebirge / Fluss / Küste

_____
Wegbegleiter

_____
Startzeit   Dauer   Distanz   Höhenmeter ↗ ↘

Intensität ○○○○○   💓 _____ kcal _____ ⌀ km/h _____ max. km/h _____

Charakter 🚲○ 🚲○ 🚲○ 🚲○ +ebike○

Wetter ____°C ☀ ⛅ ⛈ 🌧 ❄   Gelände ～～～ ○ ○ ○ ○ ○ ○
          ○ ○ ○ ○ ○

Highlights, Skizze, Stempel, Höhenprofil, Fotos, Platz für Wegbegleiter:

28 ☆☆☆☆☆

_____   _____   🚲○   🚴○   Nr.____
Startort   Ziel   Rundtour   Strecke   Etappe

_____
Route / Zwischenziele

_____

_____
Region / Land / Gebirge / Fluss / Küste

_____
Wegbegleiter

_____
Startzeit   Dauer   Distanz   Höhenmeter ↗ ↘

Intensität ○○○○○◢   💓 _____ kcal _____   ∅ km/h _____ max. km/h _____

Charakter 🚲○ 🚲○ 🚲○ 🚲○ +ebike○

Wetter _____°C ☀ ⛅ ☁ ⛈ ❄   Gelände
        ○ ○ ○ ○ ○   ○ ○ ○ ○ ○ ○

Highlights, Skizze, Stempel, Höhenprofil, Fotos, Platz für Wegbegleiter:

Datum _____

29 ☆☆☆☆☆

_____ &○ ‿○ Nr ____
Startort   Ziel   Rundtour Strecke Etappe

Route / Zwischenziele
_____

_____

Region / Land / Gebirge / Fluss / Küste
_____

Wegbegleiter
_____

Startzeit   Dauer   Distanz   Höhenmeter ↗ ↘

Intensität ○○○○○■▬ ♥____ kcal ____ Ø km/h ____ max. km/h ____

Charakter 🚲○ 🚲○ 🚲○ 🚲○ +ebike○

Wetter ____°C ☀ ☁ ⛈ 🌧 🌨   Gelände
          ○ ○ ○ ○ ○   ○ ○ ○ ○ ○ ○

Highlights, Skizze, Stempel, Höhenprofil, Fotos, Platz für Wegbegleiter:

70

30 ☆☆☆☆☆

_____ ⟳○ ▬▬○ Nr. ___
Startort   Ziel   Rundtour Strecke Etappe

Route / Zwischenziele
_____

_____

Region / Land / Gebirge / Fluss / Küste
_____

Wegbegleiter
_____

Startzeit   Dauer   Distanz   Höhenmeter ↗ ↘

Intensität ○○○○○ ♥♥ _____ kcal _____ Ø km/h _____ max. km/h _____

Charakter 🚲○ 🚲○ 🚲○ 🚲○ +ebike○

Wetter _____°C ☀ ☁ ⛈ 🌧 ❄ Geländе ⌇⌇⌇⌇
          ○ ○ ○ ○ ○   ○ ○ ○ ○ ○ ○

Highlights, Skizze, Stempel, Höhenprofil, Fotos, Platz für Wegbegleiter:

31 ☆☆☆☆☆

Rundtour ○ Strecke ○ Nr. ____
Etappe

_____
Startort   Ziel

Route / Zwischenziele
_____

_____

_____

Region / Land / Gebirge / Fluss / Küste
_____

Wegbegleiter
_____

_____
Startzeit   Dauer   Distanz   Höhenmeter ↗ ↘

Intensität ○○○○○   ❤ _____ kcal _____   Ø km/h _____   max. km/h _____

Charakter 🚲○ 🚲○ 🚲○ 🚲○ +ebike○

Wetter _____°C ☀ ⛅ ⛈ 🌧 🌨   Gelände
              ○ ○ ○ ○ ○   ○ ○ ○ ○ ○ ○

Highlights, Skizze, Stempel, Höhenprofil, Fotos, Platz für Wegbegleiter:

32 ☆☆☆☆☆

_____   🔄○   ↔○   Nr _____
Startort   Ziel   Rundtour   Strecke   Etappe

Route / Zwischenziele

Region / Land / Gebirge / Fluss / Küste

Wegbegleiter

Startzeit   Dauer   Distanz   Höhenmeter ↗ ↘

Intensität ○○○○○   💓 _____ kcal _____ Ø km/h _____ max. km/h _____

Charakter 🚲○ 🚲○ 🚲○ 🚲○ +ebike○

Wetter _____°C ☀ ☁ ⛈ 🌧 🌨   Gelände
             ○ ○ ○ ○ ○   ○ ○ ○ ○ ○ ○

Highlights, Skizze, Stempel, Höhenprofil, Fotos, Platz für Wegbegleiter.

Datum _____

33 ☆☆☆☆☆

Rundtour ○ Strecke ○ Nr. _____
Etappe

_____ _____
Startort   Ziel

_____
Route / Zwischenziele

_____

_____
Region / Land / Gebirge / Fluss / Küste

_____
Wegbegleiter

_____
Startzeit   Dauer   Distanz   Höhenmeter ↗ ↘

Intensität ○○○○○ ♥_____ kcal _____ Ø km/h _____ max. km/h _____

Charakter 🚲○ 🚲○ 🚲○ 🚲○ +ebike○

Wetter _____°C ☀ ☁ ⛈ 🌧 ❄ Gelände
        ○ ○ ○ ○ ○   ○ ○ ○ ○ ○ ○

Highlights, Skizze, Stempel, Höhenprofil, Fotos, Platz für Wegbegleiter:

34 ☆☆☆☆☆

_____ ↻○ ●—●○ Nr ____
Startort   Ziel   Rundtour Strecke Etappe

Route / Zwischenziele

_____
Region / Land / Gebirge / Fluss / Küste

_____
Wegbegleiter

_____
Startzeit   Dauer   Distanz   Höhenmeter ↗ ↘

Intensität ○○○○○●—◢   ❤️ _____ kcal _____ Ø km/h _____ max. km/h _____

Charakter 🚲○ 🚲○ 🚲○ 🚲○ +ebike○

Wetter _____°C ☀️ ⛅ ⛈️ 🌧️ 🌨️   Gelände ～～～ _____
           ○ ○ ○ ○ ○   ○ ○ ○ ○ ○ ○

Highlights, Skizze, Stempel, Höhenprofil, Fotos, Platz für Wegbegleiter:

35   ☆☆☆☆☆

                                                   ○   ○ Nr ____

Startort   Ziel   Rundtour   Strecke   Etappe

Route / Zwischenziele

Region / Land / Gebirge / Fluss / Küste

Wegbegleiter

Startzeit   Dauer   Distanz   Höhenmeter ↗ ↘

Intensität ○○○○○   💓 _____ kcal _____ ⌀ km/h _____   max. km/h _____

Charakter 🚲 ○   🚲 ○   🚲 ○   🚲 ○   +ebike ○

Wetter ____°C ☀ ☁ ⛈ 🌧 🌨   Gelände
            ○ ○ ○ ○ ○   ○   ○   ○   ○   ○   ○

Highlights, Skizze, Stempel, Höhenprofil, Fotos, Platz für Wegbegleiter:

36 ☆☆☆☆☆

⚲ Rundtour ○ ⬤ Strecke ○ Nr ___ Etappe

Startort _____ Ziel _____

Route / Zwischenziele _____

_____

Region / Land / Gebirge / Fluss / Küste _____

Wegbegleiter _____

Startzeit _____ Dauer _____ Distanz _____ Höhenmeter ↗ ↘

Intensität ○○○○○ 💓 _____ kcal _____ Ø km/h _____ max. km/h _____

Charakter 🚴 ○ 🚴 ○ 🚴 ○ 🚴 ○ +ebike ○

Wetter _____°C ☀️○ ☁️○ ⛈️○ 🌧️○ ❄️○   Gelände ○ ○ ○ ○ ○ ○

Highlights, Skizze, Stempel, Höhenprofil, Fotos, Platz für Wegbegleiter:

37 ☆☆☆☆☆

Startort   Ziel

🔖○ ♥♥○ Nr. ____
Rundtour Strecke Etappe

Route / Zwischenziele

Region / Land / Gebirge / Fluss / Küste

Wegbegleiter

Startzeit   Dauer   Distanz   Höhenmeter ↗ ↘

Intensität ○○○○○▪   ♥♥_____ kcal _____ Ø km/h _____ max. km/h _____

Charakter 🚲○ 🚲○ 🚲○ 🚲○ +ebike○

Wetter _____°C ☀ ☁ ⛈ 🌧 🌨 Gelände
                    ○ ○ ○ ○ ○   ○ ○ ○ ○ ○ ○

Highlights, Skizze, Stempel, Höhenprofil, Fotos, Platz für Wegbegleiter:

38 ☆☆☆☆☆

Rundtour ○ Strecke ○ Nr. _____ Etappe

_____ _____
Startort   Ziel

Route / Zwischenziele

Region / Land / Gebirge / Fluss / Küste

Wegbegleiter

_____ _____ _____ Höhenmeter ↗ ↘
Startzeit   Dauer   Distanz

Intensität ○○○○○＋ ♥ _____ kcal _____ Ø km/h _____ max. km/h _____

Charakter 🚲○ 🚲○ 🚲○ 🚲○ +ebike○

Wetter _____°C ☀ ☁ ⛈ 🌧 🌨 Geländе
○ ○ ○ ○ ○   ○ ○ ○ ○ ○ ○

Highlights, Skizze, Stempel, Höhenprofil, Fotos, Platz für Wegbegleiter:

Datum _____

39 ☆☆☆☆☆

Startort   Ziel   Rundtour Strecke Etappe Nr._____

Route / Zwischenziele

Region / Land / Gebirge / Fluss / Küste

Wegbegleiter

Startzeit   Dauer   Distanz   Höhenmeter ↗ ↘

Intensität ○○○○○ ♥ _____ kcal _____ Ø km/h _____ max. km/h _____

Charakter 🚲○ 🚲○ 🚲○ 🚲○ +ebike○

Wetter _____°C ☀ ☁ ⛈ ☁ ☁   Gelände
        ○ ○ ○ ○ ○   ○ ○ ○ ○ ○ ○

Highlights, Skizze, Stempel, Höhenprofil, Fotos, Platz für Wegbegleiter:

40 ☆☆☆☆☆

Rundtour ○ Strecke ○ Nr _____
Etappe

Startort _____ Ziel _____

Route / Zwischenziele _____

Region / Land / Gebirge / Fluss / Küste _____

Wegbegleiter _____

Startzeit _____ Dauer _____ Distanz _____ Höhenmeter ↗ ↘

Intensität ○○○○○ ● 💓 _____ kcal _____ Ø km/h _____ max. km/h _____

Charakter 🚲○ 🚲○ 🚲○ 🚲○ +ebike○

Wetter _____°C ☀ ☁ ⛈ 🌧 🌨 Gelände
○ ○ ○ ○ ○   ○ ○ ○ ○ ○ ○

Highlights, Skizze, Stempel, Höhenprofil, Fotos, Platz für Wegbegleiter:

41   ☆☆☆☆☆

_____   _____   👆○ 👣○ Nr ___
Startort   Ziel   Rundtour Strecke Etappe

_____
Route / Zwischenziele

_____

_____

_____
Region / Land / Gebirge / Fluss / Küste

_____
Wegbegleiter

_____
Startzeit   Dauer   Distanz   Höhenmeter ↗ ↘

Intensität ○○○○○▪   💓 _____ kcal _____ Ø km/h _____ max. km/h _____

Charakter 🚲○ 🚲○ 🚲○ 🚲○ +ebike○

Wetter ____°C ☀ ☁ ⛈ 🌧 ❄   Gelände 〰〰〰
         ○ ○ ○ ○ ○   ○ ○ ○ ○ ○ ○

Highlights, Skizze, Stempel, Höhenprofil, Fotos, Platz für Wegbegleiter:

42 ☆☆☆☆☆

Rundtour Strecke Nr. _____
_____ Etappe
Startort   Ziel

Route / Zwischenziele
_____

_____

Region / Land / Gebirge / Fluss / Küste
_____

Wegbegleiter
_____

Startzeit   Dauer   Distanz   Höhenmeter ↗ ↘

Intensität ○○○○○ ❤ _____ kcal _____ Ø km/h _____ max. km/h _____

Charakter 🚲○ 🚲○ 🚲○ 🚲○ +ebike○

Wetter _____°C ☀ ☁ ⛈ 🌧 ❄   Gelände
○ ○ ○ ○ ○   ○ ○ ○ ○ ○ ○

Highlights, Skizze, Stempel, Höhenprofil, Fotos, Platz für Wegbegleiter:

43 ☆☆☆☆☆

🖰○   📍📍○   Nr _____
Rundtour   Strecke   Etappe

_____

Startort   Ziel

Route / Zwischenziele

_____

Region / Land / Gebirge / Fluss / Küste

Wegbegleiter

_____

Startzeit   Dauer   Distanz   Höhenmeter ↗ ↘

Intensität ○○○○○   💗___ kcal ___ Ø km/h ___ max. km/h ___

Charakter 🚲○ 🚲○ 🚲○ 🚲○ +ebike○

Wetter ___°C ☀ ☁ ⛈ 🌧 🌨   Gelände
      ○   ○   ○   ○   ○   ○   ○   ○   ○   ○   ○

Highlights, Skizze, Stempel, Höhenprofil, Fotos, Platz für Wegbegleiter:

Datum _____

44 ☆☆☆☆☆

Startort _____ Ziel _____

Rundtour ○ Strecke ○ Nr. ____ Etappe

Route / Zwischenziele _____

_____

_____

Region / Land / Gebirge / Fluss / Küste _____

Wegbegleiter _____

Startzeit _____ Dauer _____ Distanz _____ Höhenmeter ↗ ↘

Intensität ○○○○○ ➕ ❤️ _____ kcal _____ Ø km/h _____ max. km/h _____

Charakter 🚲○ 🚲○ 🚲○ 🚲○ +ebike○

Wetter _____ °C ☀️ ⛅ ⛈️ 🌧️ 🌨️ Gelände
○ ○ ○ ○ ○   ○ ○ ○ ○ ○ ○

Highlights, Skizze, Stempel, Höhenprofil, Fotos, Platz für Wegbegleiter:

45 ☆☆☆☆☆

🚴○ 🚲○ Nr.____
Rundtour Strecke Etappe

_____
Startort   Ziel

Route / Zwischenziele
_____

_____

Region / Land / Gebirge / Fluss / Küste
_____

Wegbegleiter
_____

Startzeit   Dauer   Distanz   Höhenmeter ↗ ↘

Intensität ○○○○○▰ 💗_____ kcal _____ Ø km/h _____ max. km/h _____

Charakter 🚴○ 🚴○ 🚴○ 🚴○ +ebike○

Wetter ____°C ☀ ☁ ⛈ 🌧 ❄ Gelände
         ○ ○ ○ ○ ○   ○ ○ ○ ○ ○ ○

Highlights, Skizze, Stempel, Höhenprofil, Fotos, Platz für Wegbegleiter:

46 ☆☆☆☆☆

_____   🔄○   ⦿○ Nr ____
Startort   Ziel   Rundtour   Strecke   Etappe

Route / Zwischenziele

Region / Land / Gebirge / Fluss / Küste

Wegbegleiter

Startzeit   Dauer   Distanz   Höhenmeter ↗ ↘

Intensität ○○○○○ 💗_____ kcal _____ Ø km/h _____ max. km/h _____

Charakter 🚲○ 🚲○ 🚲○ 🚲○ +ebike○

Wetter ____°C ☀ ☁ ⛈ 🌧 ❄   Gelände
        ○ ○ ○ ○ ○   ○ ○ ○ ○ ○ ○

Highlights, Skizze, Stempel, Höhenprofil, Fotos, Platz für Wegbegleiter:

47 ☆☆☆☆☆

Startort   Ziel

○ Rundtour   ○ Strecke   Nr ____ Etappe

Route / Zwischenziele

Region / Land / Gebirge / Fluss / Küste

Wegbegleiter

Startzeit   Dauer   Distanz   Höhenmeter ↗ ↘

Intensität ○○○○○   ❤ _____ kcal _____ Ø km/h _____ max. km/h _____

Charakter 🚲○ 🚲○ 🚲○ 🚲○ +ebike○

Wetter ____°C ☀ ☁ ⛈ 🌧 ❄   Gelände
      ○ ○ ○ ○ ○   ○ ○ ○ ○ ○ ○

Highlights, Skizze, Stempel, Höhenprofil, Fotos. Platz für Wegbegleiter:

Datum _____

48 ☆☆☆☆☆

‌   ○   ○ Nr. _____
_____
Startort   Ziel   Rundtour Strecke Etappe

Route / Zwischenziele

_____

_____

Region / Land / Gebirge / Fluss / Küste

_____

Wegbegleiter

_____
Startzeit   Dauer   Distanz   Höhenmeter ↗ ↘

Intensität ○○○○○   ❤ _____ kcal _____ ∅ km/h _____ max. km/h _____

Charakter 🚲○ 🚲○ 🚲○ 🚲○ +ebike○

Wetter _____ °C ☀ ☁ ☂ ☔ ❄   Gelände
          ○ ○ ○ ○ ○   ○ ○ ○ ○ ○ ○

Highlights, Skizze, Stempel, Höhenprofil, Fotos, Platz für Wegbegleiter:

Datum _____

49 ☆☆☆☆☆

Rundtour ○ Strecke ○ Nr. _____ Etappe

Startort _____ Ziel _____

Route / Zwischenziele
_____

_____

Region / Land / Gebirge / Fluss / Küste
_____

Wegbegleiter
_____

Startzeit _____ Dauer _____ Distanz _____ Höhenmeter ↗ ↘

Intensität ○○○○○ ▰ 💗 _____ kcal _____ Ø km/h _____ max. km/h _____

Charakter 🚲○ 🚲○ 🚲○ 🚲○ +ebike○

Wetter _____ °C ☀ ⛅ ⛈ 🌧 🌨 Gelände
○ ○ ○ ○ ○ ○ ○ ○ ○ ○ ○

Highlights, Skizze, Stempel, Höhenprofil, Fotos, Platz für Wegbegleiter:

50 ☆☆☆☆☆

_____

Startort   Ziel   🔄○ ●—●○ Nr ____
                                                          Rundtour Strecke Etappe

Route / Zwischenziele

Region / Land / Gebirge / Fluss / Küste

Wegbegleiter

Startzeit   Dauer   Distanz   Höhenmeter ↗ ↘

Intensität ○○○○○◢   💓_____ kcal _____ Ø km/h _____ max. km/h _____

Charakter 🚲○ 🚲○ 🚲○ 🚲○ +ebike○

Wetter ____°C ☀ ☁ ⛈ 🌧 🌨   Gelände
         ○ ○ ○ ○ ○   ○ ○ ○ ○ ○ ○

Highlights, Skizze, Stempel, Höhenprofil, Fotos, Platz für Wegbegleiter.

51   ☆☆☆☆☆

Rundtour   Strecke   Etappe   Nr. ____

Startort _____   Ziel _____

Route / Zwischenziele _____

_____

Region / Land / Gebirge / Fluss / Küste _____

Wegbegleiter _____

Startzeit _____   Dauer _____   Distanz _____   Höhenmeter ↗ ↘

Intensität ○○○○○   ❤ _____ kcal _____ Ø km/h _____ max. km/h _____

Charakter 🚲○ 🚲○ 🚲○ 🚲○ +ebike○

Wetter _____°C ☀○ ☁○ ⛈○ 🌧○ 🌨○   Gelände

Highlights, Skizze, Stempel, Höhenprofil, Fotos, Platz für Wegbegleiter:

52 ☆☆☆☆☆

_____   🖐○   ●—●○   Nr ____
Startort   Ziel   Rundtour   Strecke   Etappe

Route / Zwischenziele

_____

Region / Land / Gebirge / Fluss / Küste

Wegbegleiter

Startzeit   Dauer   Distanz   Höhenmeter ↗ ↘

Intensität ○○○○○➕   💓 _____ kcal _____ Ø km/h _____ max. km/h _____

Charakter 🚲○ 🚲○ 🚲○ 🚲○ +ebike○

Wetter _____°C ☀☁⛈🌧❄   Gelände
          ○ ○ ○ ○ ○   ○ ○ ○ ○ ○ ○

Highlights, Skizze, Stempel, Höhenprofil, Fotos, Platz für Wegbegleiter:

53 ☆☆☆☆☆

Startort _____ Ziel _____

Rundtour ○ Strecke ○ Nr ___ Etappe

Route / Zwischenziele _____

_____

Region / Land / Gebirge / Fluss / Küste _____

Wegbegleiter _____

Startzeit _____ Dauer _____ Distanz _____ Höhenmeter ↗ ↘

Intensität ○○○○○ ♥ _____ kcal _____ ∅ km/h _____ max. km/h _____

Charakter 🚲○ 🚲○ 🚲○ 🚲○ +ebike○

Wetter ___°C ☀ ☁ ⛈ 🌧 ❄
○ ○ ○ ○ ○

Gelände ～～～ ___ ⌒ ⛰
○ ○ ○ ○ ○ ○

Highlights, Skizze, Stempel, Höhenprofil, Fotos, Platz für Wegbegleiter:

54 ☆☆☆☆☆

Startort _____   Ziel _____   Rundtour ○ Strecke ○ Nr. _____ Etappe

Route / Zwischenziele _____

_____

Region / Land / Gebirge / Fluss / Küste _____

Wegbegleiter _____

Startzeit _____ Dauer _____ Distanz _____ Höhenmeter ↗ ↘

Intensität ○○○○○ ▰ 💓 _____ kcal _____ Ø km/h _____ max. km/h _____

Charakter 🚲○ 🚲○ 🚲○ 🚲○ +ebike

Wetter ____°C ☀○ ☁○ ☁○ ☁○ ☁○   Gelände ○ ○ ○ ○ ○ ○

Highlights, Skizze, Stempel, Höhenprofil, Fotos, Platz für Wegbegleiter:

55 ☆☆☆☆☆

🔄○ Rundtour ●━●○ Strecke Nr. _____ Etappe

_____
Startort   Ziel

Route / Zwischenziele

Region / Land / Gebirge / Fluss / Küste

Wegbegleiter

_____
Startzeit   Dauer   Distanz   Höhenmeter ↗ ↘

Intensität ○○○○○▬ ❤️_____ kcal _____ Ø km/h _____ max. km/h _____

Charakter 🚲○ 🚲○ 🚲○ 🚲○ +e-bike○

Wetter _____°C ☀️ ⛅ ⛈️ ☁️ 🌨️ Gelände
         ○ ○ ○ ○ ○   ○ ○ ○ ○ ○ ○

Highlights, Skizze, Stempel, Höhenprofil, Fotos, Platz für Wegbegleiter:

56 ☆☆☆☆☆

Rundtour ○ Strecke ○ Nr. _____ Etappe

Startort _____ Ziel _____

Route / Zwischenziele _____

Region / Land / Gebirge / Fluss / Küste _____

Wegbegleiter _____

Startzeit _____ Dauer _____ Distanz _____ Höhenmeter ↗ ↘

Intensität ○○○○○◾ ❤ _____ kcal _____ Ø km/h _____ max. km/h _____

Charakter 🚲○ 🚲○ 🚲○ 🚲○ +ebike○

Wetter _____°C ☀○ ☁○ ⛈○ 🌧○ ❄○ Gelände ○ ○ ○ ○ ○ ○

Highlights, Skizze, Stempel, Höhenprofil, Fotos, Platz für Wegbegleiter.

Datum _____

57 ☆☆☆☆☆

Rundtour ○ Strecke ○ Nr. _____
Etappe

Startort _____ Ziel _____

Route / Zwischenziele _____

_____

Region / Land / Gebirge / Fluss / Küste _____

Wegbegleiter _____

Startzeit _____ Dauer _____ Distanz _____ Höhenmeter ↗ ↘

Intensität ○○○○○ ♥ _____ kcal _____ Ø km/h _____ max. km/h _____

Charakter 🚲○ 🚲○ 🚲○ 🚲○ +ebike○

Wetter _____°C ☀ ⛅ ⛈ ☁ 🌧 Gelände ～～～～
○ ○ ○ ○ ○   ○ ○ ○ ○ ○ ○

Highlights, Skizze, Stempel, Höhenprofil, Fotos, Platz für Wegbegleiter:

Datum _____

58 ☆☆☆☆☆

_____ ⬙○ ●●○ Nr ____
Startort   Ziel   Rundtour Strecke Etappe

_____
Route / Zwischenziele

_____

_____
Region / Land / Gebirge / Fluss / Küste

_____
Wegbegleiter

_____
Startzeit   Dauer   Distanz   Höhenmeter ↗ ↘

Intensität ○○○○○ ♥_____ kcal _____ Ø km/h _____ max. km/h _____

Charakter 🚲○ 🚲○ 🚲○ 🚲○ +ebike○

Wetter ___°C ☀ ☁ ⛈ 🌧 ❄   Gelände
        ○ ○ ○ ○ ○   ○ ○ ○ ○ ○ ○

Highlights, Skizze, Stempel, Höhenprofil, Fotos, Platz für Wegbegleiter:

59   ☆☆☆☆☆

_____   Rundtour ○ Strecke ○ Nr ___
Startort   Ziel   Etappe

Route / Zwischenziele
_____

_____

_____
Region / Land / Gebirge / Fluss / Küste

_____
Wegbegleiter

_____
Startzeit   Dauer   Distanz   Höhenmeter ↗ ↘

Intensität ○○○○○ ♥ _____ kcal _____ Ø km/h _____ max. km/h _____

Charakter 🚲 ○ 🚲 ○ 🚲 ○ 🚲 ○ +ebike ○

Wetter ___°C ☀ ☁ ⛈ 🌧 ❄ Gelände
        ○ ○ ○ ○ ○   ○ ○ ○ ○ ○ ○

Highlights, Skizze, Stempel, Höhenprofil, Fotos, Platz für Wegbegleiter:

60 ☆☆☆☆☆

Rundtour ○ Strecke ○ Nr. ___
Etappe

_____ _____
Startort   Ziel

Route / Zwischenziele
_____

_____

Region / Land / Gebirge / Fluss / Küste
_____

Wegbegleiter
_____

Startzeit   Dauer   Distanz   Höhenmeter ↗ ↘

Intensität ○○○○+ ❤ _____ kcal _____ Ø km/h _____ max. km/h _____

Charakter 🚲○ 🚲○ 🚲○ 🚲○ +ebike○

Wetter ___°C ☀ ☁ ⛈ 🌧 ❄ Gelände ～～～ ◠ 🌲 ⛰
            ○ ○ ○ ○ ○   ○ ○ ○ ○ ○ ○

Highlights, Skizze, Stempel, Höhenprofil, Fotos, Platz für Wegbegleiter:

Datum _____

61 ☆☆☆☆☆

Rundtour ○ Strecke ●○ Nr. ____
Etappe

Startort _____ Ziel _____

Route / Zwischenziele _____

_____

Region / Land / Gebirge / Fluss / Küste _____

Wegbegleiter _____

Startzeit _____ Dauer _____ Distanz _____ Höhenmeter ↗ ↘

Intensität ○○○○○ 💗 _____ kcal _____ ⌀ km/h _____ max. km/h _____

Charakter 🚲○ 🚲○ 🚲○ 🚲○ +ebike○

Wetter ____°C ☀ ⛅ ⛈ 🌧 🌨 Gelände

Highlights, Skizze, Stempel, Höhenprofil, Fotos, Platz für Wegbegleiter:

134

62 ☆☆☆☆☆

_____   Rundtour ○   Strecke ○   Nr. _____
Startort   Ziel   Etappe

Route / Zwischenziele _____

_____

_____

Region / Land / Gebirge / Fluss / Küste _____

_____

Wegbegleiter _____

_____
Startzeit   Dauer   Distanz   Höhenmeter ↗ ↘

Intensität ○○○○○━━ ❤ _____ kcal _____ Ø km/h _____ max. km/h _____

Charakter 🚲○ 🚲○ 🚲○ 🚲○ +ebike○

Wetter _____°C ☀ ☁ ⛈ 🌧 🌨   Gelände
        ○ ○ ○ ○ ○   ○ ○ ○ ○ ○ ○

Highlights, Skizze, Stempel, Höhenprofil, Fotos, Platz für Wegbegleiter.

63 ☆☆☆☆☆

Startort _____ Ziel _____   Rundtour ○ Strecke ○ Nr. ____ Etappe

Route / Zwischenziele _____

_____

Region / Land / Gebirge / Fluss / Küste _____

Wegbegleiter _____

Startzeit _____ Dauer _____ Distanz _____ Höhenmeter ↗ ↘

Intensität ○○○○○ ♥ _____ kcal _____ Ø km/h _____ max. km/h _____

Charakter 🚲○ 🚲○ 🚲○ 🚲○ +ebike○

Wetter ___°C ☀ ☁ ⛈ 🌧 🌨   Gelände
           ○ ○ ○ ○ ○   ○ ○ ○ ○ ○ ○

Highlights, Skizze, Stempel, Höhenprofil, Fotos, Platz für Wegbegleiter:

64 ☆☆☆☆☆

Startort _____ Ziel _____ Rundtour ○ Strecke ○ Nr. ____ Etappe

Route / Zwischenziele

Region / Land / Gebirge / Fluss / Küste

Wegbegleiter

Startzeit _____ Dauer _____ Distanz _____ Höhenmeter ↗ ↘

Intensität ○○○○○+ ❤ _____ kcal _____ Ø km/h _____ max. km/h _____

Charakter 🚲○ 🚲○ 🚲○ 🚲○ +ebike○

Wetter ____°C ☀○ ☁○ ⛈○ 🌧○ 🌨○ Gelände ○ ○ ○ ○ ○ ○

Highlights, Skizze, Stempel, Höhenprofil, Fotos, Platz für Wegbegleiter:

65 ☆☆☆☆☆

_____ 🚴 ○ •—• ○ Nr _____
Startort   Ziel   Rundtour Strecke Etappe

Route / Zwischenziele
_____

_____

Region / Land / Gebirge / Fluss / Küste
_____

Wegbegleiter
_____

Startzeit   Dauer   Distanz   Höhenmeter ↗ ↘

Intensität ○○○○○◢   💓 _____ kcal _____ Ø km/h _____ max. km/h _____

Charakter 🚲 ○ 🚲 ○ 🚲 ○ 🚲 ○ +ebike ○

Wetter ____°C ☀ ☁ ⛈ 🌧 🌨   Gelände ～～～
         ○ ○ ○ ○ ○   ○ ○ ○ ○ ○ ○

Highlights, Skizze, Stempel, Höhenprofil, Fotos, Platz für Wegbegleiter:

66 ☆☆☆☆☆

Rundtour ○ Strecke ○ Nr. _____ Etappe

Startort _____ Ziel _____

Route / Zwischenziele _____

_____

Region / Land / Gebirge / Fluss / Küste _____

Wegbegleiter _____

Startzeit _____ Dauer _____ Distanz _____ Höhenmeter ↗ ↘

Intensität ○○○○○ ♥ _____ kcal _____ Ø km/h _____ max. km/h _____

Charakter 🚲○ 🚲○ 🚲○ 🚲○ +ebike○

Wetter _____°C ☀ ☁ ⛈ 🌧 ❄ Gelände

Highlights, Skizze, Stempel, Höhenprofil, Fotos, Platz für Wegbegleiter:

67   ☆☆☆☆☆

Rundtour ○ Strecke ○ Nr. _____
Etappe

_____ _____
Startort   Ziel

Route / Zwischenziele _____

_____

_____

Region / Land / Gebirge / Fluss / Küste _____

Wegbegleiter _____

Startzeit _____ Dauer _____ Distanz _____ Höhenmeter ↗ ___ ↘ ___

Intensität ○○○○○▬+   ♥ _____ kcal _____ Ø km/h _____ max. km/h _____

Charakter 🚲○ 🚲○ 🚲○ 🚲○ +ebike○

Wetter ____°C ☀ ☁ ⛈ 🌧 🌨   Gelände
        ○ ○ ○ ○ ○   ○ ○ ○ ○ ○ ○

Highlights, Skizze, Stempel, Höhenprofil, Fotos, Platz für Wegbegleiter:

Datum _____

68 ☆☆☆☆☆

_____
Startort   Ziel

Rundtour ○   Strecke ○   Nr. _____
                                    Etappe _____

Route / Zwischenziele
_____

_____

Region / Land / Gebirge / Fluss / Küste
_____

Wegbegleiter
_____

Startzeit   Dauer   Distanz   Höhenmeter ↗ ↘

Intensität ○○○○○   ♥ _____ kcal _____ ∅ km/h _____ max. km/h _____

Charakter 🚲○ 🚲○ 🚲○ 🚲○ +ebike○

Wetter _____°C ☀ ☁ ⛈ 🌧 ❄   Gelände
              ○ ○ ○ ○ ○   ○ ○ ○ ○ ○ ○

Highlights, Skizze, Stempel, Höhenprofil, Fotos, Platz für Wegbegleiter.

69 ☆☆☆☆☆

Startort _____ Ziel _____ Rundtour ○ Strecke ○ Nr. _____ Etappe

Route / Zwischenziele _____

_____

Region / Land / Gebirge / Fluss / Küste _____

Wegbegleiter _____

Startzeit _____ Dauer _____ Distanz _____ Höhenmeter ↗ ___ ↘ ___

Intensität ○○○○○ ♥ _____ kcal _____ Ø km/h _____ max. km/h _____

Charakter 🚲○ 🚲○ 🚲○ 🚲○ +ebike○

Wetter ___°C ☀ ☁ ⚡ 🌧 ❄ Gelände
○ ○ ○ ○ ○   ○ ○ ○ ○ ○ ○

Highlights, Skizze, Stempel, Höhenprofil, Fotos, Platz für Wegbegleiter:

70 ☆☆☆☆☆

Rundtour ○ Strecke ○ Nr ____
Etappe

_____
Startort   Ziel

Route / Zwischenziele

Region / Land / Gebirge / Fluss / Küste

Wegbegleiter

Startzeit   Dauer   Distanz   Höhenmeter ↗ ↘

Intensität ○○○○○   ❤ _____ kcal _____ Ø km/h _____ max. km/h _____

Charakter 🚲○ 🚲○ 🚲○ 🚲○ +ebike○

Wetter ____°C ☀ ☁ ⛈ 🌧 ❄ Gelände
       ○ ○ ○ ○ ○   ○ ○ ○ ○ ○ ○

Highlights, Skizze, Stempel, Höhenprofil, Fotos, Platz für Wegbegleiter:

Vollende dieses Fahrrad-Tourenbuch mit deinen Erlebnissen und mache es so zum Unikat.

Infos ...

... die gut zu wissen sind, man aber besser nicht brauchen sollte.

Rettungsnummern

		Notrufnummer Europa	**112**
Rettung Deutschland	**112**	Rettung Österreich	**144**
Polizei Deutschland	**110**	Polizei Österreich	**133**

Körpersignale bei Sichtkontakt mit Rettungshubschraubern

Yes = Ja
Es wird Hilfe benötigt.
Hier landen.

No = Nein
Es wird keine Hilfe benötigt.
Nicht landen.

| Rettung Italien | **118** | Rettung Schweiz | **144** |
| Polizei Italien | **113** | Polizei Schweiz | **117** |

Bei Einweisung des Hubschraubers zur Landung ist Folgendes zu beachten: Mit ausgebreiteten Armen und dem Rücken gegen den Wind am Rande des vorgesehenen Landeplatzes (ca. 20 x 20 m) stehen bleiben. ACHTUNG! Entferne dich nicht, ehe die Rotorblätter zum Stillstand gekommen sind. (Man stellt für den Piloten bei der Landung einen wichtigen Orientierungspunkt dar)! Alle losen Ausrüstungsgegenstände vor dem starken Rotorwind schützen!

„Eine Karte ist Sicherheit, Inspiration und eine Schatztruhe voll neuer Ideen für alle, die sie zu lesen wissen."

lanung & Orientierung

› der Stadtrand endet, beginnt die Welt von Outdoor-Karten. Für die Planung
er Tour, für die Orientierung und als Erinnerung danach sind Karten unersetzlich.
e Outdoor-Karte inspiriert für neue Touren und Vorhaben. Sie vermittelt eine
ersicht der Strecke und sollte als unerlässlicher Begleiter bei echten Abenteuern
mer mit dabei sein.

le suchen

Rennrad, Tourenrad oder Off-Road,
jeden Biker warten Herausforderun-
 und Highlights die es zu erradeln
t. Möglichkeiten gibt es dafür viele:
sstouren, Alpenüberquerungen, Bike
Hike, oder die schnelle After-Work
ur zum Badesee. Neben dem Ziel selbst

sollte die Strecke genau unter die Lupe ge-
nommen werden. Gibt es durchgängige
Fahrradwege, gibt es Tunnelpassagen, die
es zu umfahren gilt, auf welchen Straßen
und Wegen darf ich fahren? Schau dir die
Strecke im Detail auf einer Karte an und
kläre alle Fragen.

---

anung

hast dein Ziel oder deine Wunsch-
ecke gefunden, dann geht es jetzt an
 genaue Planung. Bei einer kurzen
r bekannten Tour ist das weniger an-
uchsvoll wie bei einer Mehrtagestour.
tanz: Wie viele Kilometer schafft man
welcher Zeit? Eine Kernfrage bei der
nung. Beachte dazu die Differenz der
henmeter, deine Kondition, die Art
nes Fahrrads, die Dauer deiner Pau-

sen und externe Faktoren wie das Wetter (Gegenwind). Wenn du eine längere
Tour planst und du deine Durchschnitts-
geschwindigkeit noch nicht einschätzen
kannst, solltest du diese vorab herausfin-
den. **Plan B:** Nicht immer geht alles wie
geplant. Dafür solltest du dir immer eine
Alternative überlegen. Gibt es Öffentliche
Verkersmittel auf der Strecke oder kannst
du deine Tour abkürzen?

Bike Check & Pannenhilfe

Vor jeder Tour solltest du dein Fahrrad genau unter die Lupe nehmen. Abhängig v
deinen eigenen Fähigkeiten ist ein regelmäßiger Service bei Profis sehr zu empfehl
Unabhänig von der Länge deiner Vorhaben solltest du ein Grundwissen für die R
pflege und Reparaturen aufbauen.

Checkliste vor jeder Fahrt:
- ✓ Lenker und Vorbau kontrollieren
- ✓ Laufräder Prüfen (Reifendruck, Befestigung, etc.)
- ✓ Bremsen testen (Bremsbeläge, Scheiben, Felgen, etc.)
- ✓ Kettenspannung überprüfen
- ✓ Sattel (Sitz) und Sattelstütze kontrollieren
- ✓ Federung prüfen und Wartungsintervall checken
- ✓ Beleuchtung und Reflektoren sicherstellen
- ✓ Rahmen und Gabel begutachten
- ✓ Akku beim Elektrorad prüfen
- ✓ Pannenset & Kompatibilität kontrollieren

Werde Pannen-Fit

Was tun bei einem Platten oder bei einem „Achter"? Zumindest auf kleinere Probleme solltest du unterwegs selbst reagieren können, denn die erste Panne kommt bestimmt. Dazu solltest du das richtige Werkzeug und Ersatzmaterial dabei haben und auch damit umgehen können. Ob Bücher, Anleitungsvideos oder Freunde die einem weiterhelfen, es gibt eine Vielzahl von Möglichkeiten Pannen-Fit zu werden. Wichtig ist aber auch hier üben. Gerade bei sicherheitsrelevanten Fragen ist es immer besser Profis an das Werk zu lassen.

Das solltest du dir aneignen:
- · Verklemmte und herausgesprungene Kette wieder zum Laufen bringen
- · Reifendruck prüfen und auf den richtigen Druck aufpumpen
- · Reifen, Schlauch und Laufrad wechse
- · Seilzüge von Schaltung und Bremsen kontrollieren, anpassen und wechseln
- · Bremsbeläge wechseln
- · Beleuchtung instand halten, Lampen oder Batterien wechseln
- · Achter, also den Verzug der Felge, beheben
- · eBike: Akku herausnehmen und lade

Tourenspeicher

Du kennst zu jeder deiner Touren die Gesamtkilometer und die benötigte Fahrzeit. Markiere deine einzelnen Touren in der Matrix mit einem X. So erhältst du eine Übersicht deiner Erlebnisse und deines Leistungsniveaus. Nach mehreren Einträgen kannst du versuchen die Punkte mit einer gemittelten Linie zu verbinden. So kannst du deine persönlichen Fahrzeiten oder Distanzen für zukünftige Touren abschätzen.

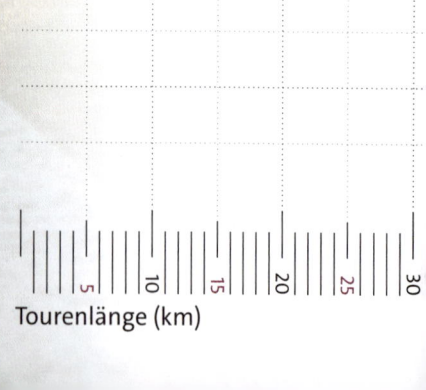

Tourenlänge (km)

8 h

7 h

6 h

5 h

4 h

3 h

2 h

1 h

Fahrzeit

45 50 55 60 70 80 90 100

Packliste

Stelle dir eine Liste mit den wichtigsten Sachen zusammen, die du brauchst. Ein schneller Check vor jeder Tour und böse Überraschungen gehören der Vergangenheit an.

Grundausstattung

Erste-Hilfe Set

Helm, Radhandschuhe, Brille

Reparatur-Set: Pumpe, Ersatzschlauch, Werkzeug

Fahrradlicht, Ersatzakku /-batterien

Geld, EC-Karte, Ausweis

Aufgeladenes Handy

Regenkleidung, Wechselkleidung

Verpflegung: Snacks, genügend Wasser

...

Tagestour

Mehrtagestour

Inspiration

Es gibt Fahrradführer die dir zeigen, wie du an ein Ziel kommst und es gibt Reisefü
die dir Ziele präsentieren. Diese Radreiseführer vereinen beides. Der perfekte Begleite
alle die mehr sehen wollen, als nur den Asphalt unter ihren Reifen.

Unsere Radreiseführer:

6910 Weserradweg	ISBN 978-3-99044-762-8
6911 Elberadweg	ISBN 978-3-99044-763-5
6912 Ruhrtalradweg	ISBN 978-3-99044-764-2
6913 Donauradweg (DE)	ISBN 978-3-99044-765-9
6914 Donauradweg (AT)	ISBN 978-3-99044-766-6
6915 Bodenseeradweg	ISBN 978-3-99044-767-3
6916 Mainradweg	ISBN 978-3-99044-768-0
6917 Moselradweg	ISBN 978-3-99044-769-7
6918 Altmühltalradweg	ISBN 978-3-99044-770-3
6919 Der Berliner Mauerweg	ISBN 978-3-99044-771-0

pressum

KOMPASS-Karten GmbH, Karl-Kapferer-Straße 5, A-6020 Innsbruck

Auflage 2021 (21.01)   Verlagsnummer 1666   ISBN 978-3-99121-146-4

e und Bilder

ses Fahrrad-Tourenbuch entstand als Herzensprojekt von KOMPASS-Mit-
eitern. In das Ergebnis sind alle Wünsche und Anforderungen eines Out-
r-Teams geflossen. Neben den Erinnerungen, die wir in diesem Tourenbuch
halten wollen, sollen die Augenblicke im Kopf für immer gespeichert bleiben.
en Vorgeschmack dieser Schönheit liefern uns junge Fotografen wie Roman Huber.
t und Fotos (soweit nicht anders angegeben): KOMPASS-Karten

elbild: ©Ira Budanova - stock.adobe.com

man Huber @romempix   Diamant (Kooperationspartner)

fische Herstellung: KOMPASS-Karten

lnachweis: Seite 2-3: ©pershing - stock.adobe.com, Seite 4: ©mRGB - stock.adobe.
n; Seite 10-11: ©grusgrus01 AdobeStock_Main; Seiten 12–13: ©EKH-Pictures -
ck.adobe.com; Seiten 154-155: ©Westend61 - stock.adobe.com; Seite: 161: ©fo-
udiocolor24 - stock.adobe.com Seiten 1, 8-9, 158,168: Thomas Kargl; Seite: 162:
nieszka Albrecht; Seiten 156-157, 167: Roman Huber;

IgedeinemKOMPASS

#folgedeinem**KOMPASS**

KOMPASS